더하기

이종문

20년간 외국계 엔지니어링 회사를 다녔고, 여전히 프로그래머의 길을 가고 있다. 물 한 방울 손에 묻히지 않고 살게 해 주겠노라는 약속을 지키지 못한 미안함과 30년 세월을 함께해 준 고마움에 조금이나마 마음이 전해질까 짬짬이 끄적였던 글들. 가장 소중한 사람을 위해 쓴 그 작은 조각들을 '시'라는 이름으로 모아 엮었다. 지금까지 함께한 30년 더하기 앞으로 함께할 30년, 더 열심히 살겠다는 다짐을 담아 이 책을 펴냈다.

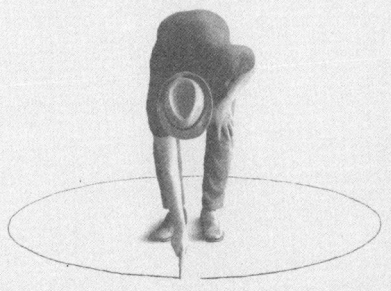

더하기

이종문 시집

더하기 이종문 시집

초판 인쇄 2025년 9월 10일
초판 발행 2025년 9월 25일

지은이 이종문
펴낸이 이혜숙
펴낸곳 (주)스타리치북스

출판 감수 이은희
본문 사진 이종문
출판 책임 권대홍
출판 편집 김소라·정푸른솔
편집디자인 스타리치북스 디자인팀

등록 2013년 6월 12일 제2013-000172호
주소 서울시 강남구 강남대로62길 3 한진빌딩 2~8층
전화 02-6969-8955

홈페이지 www.starrichbooks.co.kr
스타리치북스 블로그 www.blog.naver.com/books_han
스타리치TV www.youtube.com/@starrichTV
글로벌기업가정신협회 www.epsa.or.kr

값 18,000원
ISBN 979-11-85982-84-7 03810

• 잘못된 책은 구입하신 서점에서 바꾸어 드립니다.

책을 펴내며

　　30여 년 동안 엔지니어로 살아온 내가 이렇게 시집을 펴내게 되니 감회가 새롭다. 잠시 신문 배달을 하던 중학생 시절 크리스마스에 구독자에게 보내는 편지를 써서 상을 받기도 하고, 좀 더 커서는 애절한 연애편지를 열심히 쓰던 나름 감성적인 청년이었지만 이과생으로 대학에 진학한 후에는 늘 전공책이나 기술 서적들과 함께였기에, 스스로 엔지니어라는 정체성을 의심해 본 적이 없었다.

그런데 30년을 함께한 아내에 대한 고마움과 평범한 일상의 마음을 표현한 짧은 시들을 모아 이렇게 책으로 펴내게 됐으니 그저 꿈만 같다. 매일 일기를 쓰는 마음으로 시상이 떠오를 때마다 메모를 하거나 휴대폰에 저장하여 차곡차곡 모아 둔 시들을 1년 12개월 달별로 엮어 놓으니 부족하지만 제법 시집의 모양새를 갖추게 되었다.

내 사람이 되어 준 그 시작부터 너무나 고생만 시키고 좋은 날이 올 거라 기다린 시간이 쌓여 30년이 지났다. 어느덧 갱년기를 맞고 점점 흰머리가 늘어가는 것을 보며 무엇으로도 보상하고 위로할 수 없음에 미안함과 고마움을 다 표현할 수 없다.

이 작은 책으로 나의 마음이 조금이나마 전해지기를 바랄 뿐이다.

2025년 9월　이종문

차례

1월

시작 · 15
그리움 · 16
다시 1 · 17
영화 · 18
그냥 · 19
돌탑 · 20
오늘 같은 밤 · 22
속초 · 23
까망 · 24
수염 · 25
식탐 · 26
일출 일몰 · 27
표현 · 28
시간 · 29
새콤달콤 · 31
만두 · 32
딸기 케이크 · 33
대구전 동태전 · 34
비타민 · 35
음악 · 36

2월

치유 · 39
폭설 · 40
로댕 · 41
아침 · 42
인간극장 · 43
맞고 · 44
비행기 · 45
별 · 46
배꼽 · 47
인형 · 49
눈꽃 · 50
책 · 51
신호 · 52
스타벅스 · 53
퇴근 · 54
출장 · 56
스포츠 · 57
사랑 예식 · 58
전화카드 · 59
병동 · 60

3월

고속도로 · 63
이변 · 64
카페인 · 65
이모티콘 · 66
배움 · 67
바람 · 68
플라스틱 · 69
다시 2 · 70
주차 · 72
때 · 73
터치 · 74
통화 · 75
알람 · 76
연기 · 77
폭삭 · 78
고운 말 · 80
정답 · 81
코딩 · 82
하트 · 83
감사 · 84

4월

따스함 · 87
비 1 · 88
기대 · 90
달 1 · 91
아침 · 92
텔레파시 · 93
나무 · 94
4월의 설렘 · 95
민들레 · 97
존재 · 98

5월

어린이날 · 101
아버이날 · 102
갱년기 · 103
닥터 스트레인지 · 104
일요일 아침 · 105
호텔 캘리포니아 · 106
왜 이러지 · 107
딸랑구 1 · 108
아이돌 · 110
내 마음 · 111
심사숙고 · 112
더하기 · 113
종이 사진 · 114
박수 · 115
신세계 · 117
빛 · 118
네잎클로버 · 119
그네 · 120
친구 · 121
갑자기 · 122

6월

국화차 · 125
별 따기 · 126
도시락 · 127
젊은 친구 · 129
더위 · 130
딱 · 131
숙성 · 132
후련함 · 133
일요일 · 134
쓸모 · 136
스무 살 · 137
상처 · 138
두려움 · 139
달 2 · 141
이해 · 142
방 · 143
진통제 · 144

7월

자연 · 147
후회 · 148
한국이 좋다 · 149
장마 1 · 150
아프지 말자 · 151
에릭 · 153
여유 · 154
스케줄 · 155
복숭아 · 156
기도 · 157
팥빙수 · 158
딸랑구 2 · 160
장마 2 · 161
드라이브 1 · 162
올림픽 1 · 163
기억 · 165
최고의 선물 · 166

8월

올림픽 2 · 169
금메달 · 170
허전함 · 171
1순위 · 172
롤리폴리 · 173
이별 · 174
이사 · 175
1초 · 176
우리 처형 · 177
안전 운전 · 178
매미 · 180
초록길 · 181
아름 · 182
수박 · 183
넓다 · 185
광안리 · 186
귀뚜라미 · 187
서울의 달 · 188

9월

일요일 저녁 · 191
선물 · 192
시간의 바람 · 193
단위 환산 · 194
아부지 · 196
모교 · 197
노력 · 198
그런 날 · 199
빨래 · 201
터널 · 202
번아웃 · 203
줄다리기 · 204
고성 · 205
제철 · 206

10월

드라이브 2 · 209
토닥토닥 · 210
콘서트 · 211
풍경 · 212
아침 안개 · 214
별별별 · 215
휴일 · 216
오랜만에 · 217
가을 동화 · 218
평안 · 220
병원 · 221
빛 · 223
어떤 날 · 224
필연 · 225
홍등 · 226
단풍 1 · 228

11월

붕어빵 · 231
가시 · 232
낙엽 · 233
잘 자요 · 234
단풍 2 · 235
두 문 · 236
비 2 · 238
딥블루 · 239
이로운 · 240
몸살 · 241
아침 · 242
공항 · 243
늦잠 · 245
첫눈 · 246
폭설 · 247
신비 · 248

12월

안과 밖 · 251
멈춤 · 252
그리움 · 253
물음표 · 254
단순 · 256
날씨 · 257
꿀등 · 259
한국 · 260
척척박사 · 261
건강 · 262
향기 · 263
로맨틱 · 264
하얼빈 · 266
발자국 · 267
다섯 손가락 · 269
가족 · 270
눈물 · 271
12월 31일 · 272

1월

시작

새해가 밝았다.
다행히 날씨는 시리게 푸르고
겨울의 여느 하루처럼
붉은 태양이 멋지게
떠올랐다.
모든 게 새로운 오늘
복 많이 받으라는
건강하시라는 안부 이상으로
즐겁고 행복한 날의
시작이길 바라는
새해 아침이다.

그리움

멀리 있어 자주 보지 못하는 사람.

아픈지 기분은 어떤지

상상으로 안부를 물어야 하는 사람.

먼저 연락을 줄 때를 기다리고

궁금해 핸드폰만 열었다 닫았다를

수십 번 반복하며

이내 체념해야만 하는 사람.

가깝고도 멀고

또 멀고도 먼.

아프지 말고 항상 웃을 일만

있어야 하는 사람.

그리운 사람.

다시 1

다시 태어난다면

다시 새롭게 시작할 수 있다면

실수를 돌이키고 다시 할 수 있다면

모든 게 완벽하고 순조로울까?

모두에게 다시 해 볼 수 있는

기회가 오지만

같은 것을 반복하는 사람들도 많다.

우리는 다시 시도해 보고

노력해 보고 일어서야 한다.

지금의 두려움과 지침이

과거의 이야기가 될 수 있도록.

영화

다양한 삶을 대신 살아 볼 수 있고

의사도 변호사도

정의를 구현하는 주먹도

머리로 풀어 가는 천재도 될 수 있는,

특히 원하는 사람과 달콤한 사랑도

마음껏 가슴 졸이며 할 수 있는

나는 영화가 좋다.

말랑말랑한 로맨스 영화를

너와 함께 찍어 보고 싶다.

그냥

오늘은

그냥 아무 이유 없이

그냥 보고 싶고

그냥 생각나고

그냥 만지고 싶고

그냥 이야기하고 싶고

그냥 같이 있고 싶다.

그냥 너와

함께하고 싶은 날이다.

돌탑

산행을 하다 보면

수천 아니 수만 가지 자그만 돌들로

염원을 쌓아 올린

돌탑들을 볼 수 있다.

저마다 어떤 소원인지는

모르겠으나 간절히 바라는

마음은 똑같이 균형을 이뤄

모진 비바람을 견뎌 낸다.

나도 모든 소원 위에

조심스레 하나를 올려 본다.

잘되라고

건강하라고

아프지 말라고

행복하라고.

ⓒ 이종문

오늘 같은 밤

눈을 감고 머리만 기대면

잘도 자는 내가

억지로 눈을 감고

잠을 청해도 잠이 오지 않아

몇 분에 한 번씩

왼쪽과 오른쪽으로

방향을 바꾸며 뒤척이고 있다.

울타리를 넘는 양을

세기에도 이젠 지친다.

아마도 네 품이 그리운가 보다.

네 품에서는

세상 평화롭고 아늑해서

금방 포근해진다.

오늘 같은 밤

네가 더 생각난다.

속초

아들 녀석의 군대 휴가로
우연히 찾게 된 속초는
이제 너와 함께 가고 싶은
곳이 되었다.
여느 동해안의 해변과 같이
푸른 바다와 만나는
아름다운 하늘이 있는
아바이 마을도
정겹고 음식들도 맛나다.
너와 함께 두 손 잡고
한가로이 거닐며
재잘거리고 싶은 곳이 되었다.

까망

형체도 알 수 없는 캄캄한 아침
이따금 새벽의 문을 일찍
열어 보곤 한다.
갱년기가 다가와서 그런지
세월의 무게에 대한 중압감인지
고요하고 온 세상이 까만 새벽에
눈을 떠 가장 먼저 뒤척이며
너를 생각해 본다.
잘 자고 있는지
기침은 하지 않는지
춥지는 않은지
오늘도 까망 새벽하늘에
반짝이는 별 하나를
어렴풋이 바라보며
너를 생각해 본다.

수염

뽀실뽀실한 수염이

늦은 오후쯤에 다다르면

오늘 하루

얼마나 열심히 했는지

얼마나 힘들었는지

확인할 수 있는 바로미터처럼

까슬까슬해진다.

어떤 날은 소리가 날 정도다.

너를 얼마나 생각하는지

수염으로 표시된다면

아마 하루 만에 덥수룩해지고

며칠도 되지 않아

바닥까지 내려올 테지.

너를 생각하는 마음이

수염처럼 표시가 나도

좋을 것 같다.

식탐

나는 식탐이 많은 것 같다.
먹기 전 조금만, 조금만을
다짐하고도 맛있는 음식들 앞에
하릴없이 무너지고
좋아하는 것에 약하다.
너에게도 나는 약하다.
보면 좋고 하자는 것들은
무엇이든 하고 싶고
약한 것에 후회 없다.
너무도 자연스럽게
나는 네가 좋다.

일출 일몰

붉게 타오르며 떠오르는

태양의 기운이 가득한 아침과

붉게 타오르며 바닷속으로

태양이 잠시 쉬러 가는 저녁

두 장면 모두 경이롭고

어느 것이 좋다고 판단하기 어렵다.

아침에 보는 너와

저녁에 보는 너를

어느 쪽이 좋으냐

디지털 신호처럼 1과 0으로 구분하라면

나는 합집합이다.

둘 다 좋다.

표현

아무 표현을 하지 않아도

마음으로 충분히 전달될 수 있다는

그런 일반적인 말들이

나는 별로다.

이렇다 저렇다 표현해 주고

좋다 싫다 에둘러 말하지 않고

좋으면 좋다

사랑하면 사랑한다

표현했으면 좋겠다.

네 마음속에도 전달하고

네 귀에도 전달되면 좋겠다.

시간

어른들이 늘 하시던

나이 들면 나이의 몇 배의 속도로

시간이 간다던 우스갯소리 같은

그 말씀이 요즘 내가 절실히

느끼는 말이 되어 버렸다.

빨리도 가 버려 좋은 것도 있고

아쉽고 허무할 때도 있다.

너를 만나기 전에는

나이의 열 배쯤 시간이

빨리 갔으면 좋겠고

너와 함께 있을 땐

시간이 0.1배로

느리게 갔으면 좋겠다.

ⓒ 이종문

새콤달콤

언제나 맛있는 쫄면처럼

우리 사랑도 새콤달콤.

애써 확인하려 하지 않아도

언제나 매콤달콤.

쫄깃하기도 하고

아삭거리기도 하는

우리 사랑은

비비면 비빌수록

맛있다.

만두

쓱쓱 싹싹 신선한 재료를 준비하고

뚝딱뚝딱 익히고 다져서

정성스레 가족을 위해

만들어 보는 만두는

김이 모락모락

호호 불며 호빵인 양 달래며

웃음꽃과 함께 먹어 보면

준비하며 끊어질 듯 아프던 허리도

언제 그랬냐는 듯 즐거움이 가득하다.

널 위해 준비하는 것들은

힘이 들어도 시간 가는 줄 모르고

기뻐할 네 모습을

상상하며 오늘도

즐겁고 행복하다.

딸기 케이크

소록소록 부드럽게 내린 크림과

부끄러운 듯 수줍은

분홍빛 얼굴을 곱게 내밀어

언제나 날 반기는 딸기 케이크는

누굴 더욱 생각나게 한다.

흩날리듯 춤추는 눈꽃들과

아른아른 가물거리는

고소한 커피 향과 함께라면

그리움은 극에 달하고

열망이 갈망이 되고

보고 싶고 그립고 그리워

더 나른해지는

오늘 같은 오후.

대구전 동태전

나는 유난히 대구전이랑 동태전을 좋아한다.

평소에도 마음만 먹으면 쉽게 먹을 수 있는데

어쩌다 보니 제사 때나 간신히 먹는

음식이 되었지만 어릴 때 추억도 뭣도 없이

그냥 좋아하는 음식이 되어 버렸다.

왜 그런지 이유는 알 수 없지만

이유 없이 좋아하는 그런 음식 중 하나다.

네가 그렇다. 좋아하는 이유나 사연 없이

그냥 좋다. 그냥 좋은데 이유를 꼭 찾아야 하나?

왜 좋은지 이유를 찾을 수 없이

그냥 그렇게 좋다.

비타민

피곤하다고 피곤해질까 봐

지칠까 봐 미리미리 챙겨 먹기도 하고

찌뿌둥할 때 빨리 풀리라고

먹어 보는 비타민은

기대와 다르게 몸 밖으로

개나리꽃 색깔로 금세 나와 버린다.

물론 많이 도움 주고

몸속으로 녹아내리기도 하지만.

일부러 찾아 먹지 않아도

곁에 두고 숨만 쉬어도

몸도 마음도 회복되고 기분 상쾌해지는,

부작용을 전혀 걱정하지 않아도 되는

너에게 나는 천연 비타민이었으면

너무너무 좋을 것 같다.

항상 곁에 두고 싶은

새콤달콤 비타민이고 싶다.

음악

신나게 달리거나

막히고 도무지 진행이 안 될 때도

같은 일을 하는데도

신나게도 느리게도 만드는

음악은 신기한 힘을 가지고 있다.

듣기만 해도 네가 생각나는 음악도

가만히 듣고 있으면

네가 떠오르는 음악도

모두 신기할 정도로 자연스럽다.

어디서 무얼 하든

흥얼거리게 만드는 음악과

너를 기억하는 힘이란

끊을 수 없는 신비함이다.

2월

치유

나는 사람으로 치유를 받는다.

혼자 있어야 스스로 다시 시작할 힘을 얻고

고민도 혼자 하고 아픔과 슬픔을

혼자 이겨내려 하는 사람이 있는 데 반해

나는 사람으로 사람에 의해

고민도 걱정도 치유하는 타입이다.

상대방의 말도 잘 듣고

조심스레 상대방에게 내 뜻도

전해서 공유하고 고민한다.

혼자 풀려는 너를

다독이고 같이 고민하려는 게 나다.

내가 네가 필요하듯이

내가 너의 치유였으면 좋겠다.

폭설

한 번에 수십 센티미터를 내린

폭설에 모두가 갇혀 버렸다.

끝없이 내리고 또 내려

온 세상을 하얗게 만들어 버렸다.

지금 이 순간 하늘은 회색빛이지만

모순되게도 땅은 하얀빛이 되었다.

너와 함께라면

이렇게 내리는 눈꽃이 아름답게 보이고

차갑게 얼어붙은 대지도

아름다운 눈꽃 궁전으로 보일 거다.

눈에 온통 눈꽃 하트가 만발할 거다.

로댕

〈생각하는 사람〉은 너무도 유명하다.

멋지게 앉아서 생각하는 모습,

전 세계에 길이 남을 정도의

모습으로 무얼 생각하는 건지 모르겠지만

그렇게 영원히 박제되었다.

나도 가끔 침대 끝에 앉아

오늘도 정리해 보고

미래도 계획해 보자면 괜스레 멋쩍기도 하다.

오늘은 어떻게 보낼까?

별일은 없겠지? 즐거운 일만 가득하려나?

고민과 생각의 끝에는

언제나 너다. 네 생각에

잠시 로댕이 되어 본다.

아침

하루 세 끼 식사 중

제일 중요하다고 거의 30년을

아침 식사를 준비해 준 고마움에

이제 갱년기도 시작되었고

밤새 잠 못 이루는 날이 많아지고

아침에 겨우 잠을 청하는 가여움에

그만 준비해도 된다고

내가 좀 더 서둘러 간단히 하고

간다고 안심시켰지만

내 속내는 아침 식사보다는

네 얼굴을 조금이라도

일찍 보고 출근하려는 욕심이

더 컸나 보다.

잠을 깨우지 않고

조심스레 아침을 시작하는 나.

네게 항상 고마움을 전하게 된다.

인간극장

노부부 사는 이야기가

고생한 삶의 결과로 주름진

미소가 멋스럽게 펼쳐진다.

자식들 이야기도 있고

노후에도 알콩달콩하는 모습이

보기 좋고 부럽기도 하다.

우리도 그럴 수 있을까

나도 잘할 수 있을까

나도 꼭 그럴 거라 다짐하며

나도 나중에 우리만의

인간극장을 찍어 보길 다짐한다.

건강하게 사랑하며 살아 보자.

꼭.

맞고

오랜만에 기억을 더듬어

둘이 앉아 맞고를 했다.

깔깔거리고 약간 흥분도 하니

시간이 훌쩍 지나가는 것도 몰랐다.

재미나게 살자고 해 놓고

다람쥐 쳇바퀴 돌듯이

회사와 집을 오가느라

둘이 함께하는

이런 재미를 잊고 살았다.

꽁냥꽁냥 재미있게 살자고

다시 다짐해 본다.

비행기

수없이 타 본 출장길 비행기

만날 일만 하다 돌아오느라

내 반쪽을 그 흔한

해외여행 한 번 시켜 주지 못했다.

뭐 그리 대단한 일이라고

이리도 못 했는지.

올해는 꼭 내 사랑하는 반쪽을

비행기 태워 가까운 곳으로라도 가서

여권에 도장이란 걸

꼭 찍어 보게 하리라 다짐한다.

내가 너를 찍었듯이

네가 나를 찍었듯이

그렇게 도장을 찍어 보리라.

별

예전엔 쉽게 머리만 위로 들어
하늘로 향하면 초롱초롱 별들을
볼 수 있었지만
같은 하늘인데 잘 볼 수 없는 건
세상의 때가 묻은 내 눈 때문일까?
아니면 별도 달도 모두 따 줄 수
있다는 자신감과 열정이
사그라져 그런 것일까?
오늘 새벽 출근길에
문득 하늘의 별을 볼 수 없다는
아쉬움에 조금이라도
더 찾기 위해 잠시 길을 멈추고
하늘을 바라보았다.
너를 생각했다.

배꼽

배가 너무 아플 정도로

신나게 웃어 본 적이 언제였더라?

배꼽이 뒤로 돌아간다거나

머리가 아프고 어지러울 정도로

웃어 본 적이.

요사이 잠깐잠깐 웃는 것과는 다르게

어린 시절엔 별거 아닌 것으로도

배를 잡고 신나게 웃었던 것 같다.

자그만 일에도 잘 웃는 나는

예전보다는 웃는 일들이 적지만

그래도 너만 보면

항상 웃음이 난다.

그래서 더 재미있다.

ⓒ 이종문

인형

혼자 잠자리에 들기

허전하고 외로워

딸내미가 선물해 준

목이 기다란 인형이

사슴인지 기린인지 알 수 없어도

너를 대신할 수 없을 거라

당연히 생각하여

한쪽으로 밀어 놨는데

너 없는 외로움을 달래려

안아도 보고 다리 사이에

끼워도 보며 잠을 청하고 있다.

아무리 좋아도 이런 인형보다

네 살결과 숨결이 좋다.

인형보다 보드라운

살아 있는 네가 좋다.

눈꽃

겨울이 가는 것이 싫은지
하늘은 눈으로 시간을 멈추려 한다.
가로등에 반짝이는 날카로운
눈꽃 송이는 이내 커다란 뭉치로
굵어지고 아득하다.
자동차 불빛 따라 빨갛게도
노랗게도 흩날리는 알갱이는
고즈넉한 마을에서
커다란 창문으로 따뜻한 차 한 잔과
너랑 함께 볼 때가
가장 멋스럽고 아리따울 텐데.
따뜻한 커피를 좋아하는
네가 풍기는 고소함이
더욱 그리운 아침이다.

책

어설픈 글귀로 너에게
마음을 전하고자
시작한 매일매일의 노력이
어느덧 이만큼 쌓여 가고 있다.
내 마음이 전달되고는 있는지
너를 향한 내 마음이
이만큼이라고 외치는 대신
한 줄 한 줄 써 내려가 보는데
네가 베풀어 준 사랑에 비하면
여전히 서툴고 모자란다.
많이 쌓여 자그만 책으로
만들어 오래오래
내 마음을 너에게 전하고 싶다.

신호

내 마음은 이러하다

정확히 말할 때

그 마음을 알고

정확히 이해해 주면 되는데

마음이 다칠까 봐

전달하지 못하고

오해만 쌓이는 경우가 종종 있다.

디지털 신호처럼

0과 1로 명확하게

표현하지 못하는 게

사람의 마음인가 보다.

나는 네가 좋다고

기쁘게 신호를 보내고 싶다.

1 1 1 1 1 1 1 1 1 1 1 1 1 1 1 1 .

스타벅스

나는 유난히 스벅을 좋아하는 것 같다.
그윽한 향기도 향기지만
스벅이 1971년생 나랑 같이
익어 가기 때문일 거다.
가끔씩 지나가다 일도 하고
편안하게 수다도 떨 수 있는
나는 유독 스벅의 여유로움을
좋아하는 것 같다.
특히 상쾌한 아침에
밖은 시리도록 추워도
따뜻하게 커피도 마시고
느긋함을 누릴 수 있는
여기를 좋아하는 것 같다.
내 앞에 네가 앉아
재잘재잘 입에서 꽃이 나온다면
더욱더 풍만할 것 같다.

퇴근

어둑해진 곧게 뻗은 도로

빨간색 꼬리에 꼬리를 물고

너에게 달려가는 이 길은

막혀도 즐겁고 달려도 즐겁다.

라디오에서 오늘 일과를

정리해 조금이라도

빨리 마무리하려는 듯

서둘러 마감을 하고

나도 기다리고 있을

너의 환한 미소에 이끌리듯

앞만 보며 너에게로 간다.

ⓒ 이종문

출장

이른 새벽 지방 출장을 위해

집을 나섰다.

깨우지 않으려 조심조심

채비를 하려 했지만

갱년기라는 풀지 못한 숙제로

밤을 지새우던 네가

조심히 다녀오라

안부를 전하는 짠함에

감사하며 길을 나선다.

언젠가 반대로 내가 너를

다독이며 하루를

시작하는 날이 오기를 기다리며.

스포츠

우리나라 선수들은

특히나 멀리 있는 과녁을

노리는 종목을 잘하는 것 같다.

양궁도 그렇고 사격도

이번엔 그 멀리 있는 과녁에

무거운 돌을 정확히

위치시키는 놀라운 컬링도 그렇다.

아마도 아주 오래전부터

멀리 있는 사람을 그리워하고

또 마음을 전하는 것을

열심히 하다 보니 더 잘하나 보다.

나도 멀리 있는 네 마음에

쏙쏙 내 마음을 맞추고 싶다.

나도 우리나라 사람이니까.

사랑 예식

후배의 결혼식을 다녀왔다.

반짝반짝 빛나는 나이에

어느 곳 하나 빠지지 않는

그들의 혼인 서약을 듣자니

너무도 어린 나이에

결혼했던 내 젊은 시절도

생각나고 당황하고

어리숙했던 우스꽝스러운

너와 나의 모습도

오늘같이 반짝반짝

빛이 났으리라.

모두의 행복을 기원하며

사랑 예식을 넋 놓고 본다.

전화카드

지금은 전혀 볼 수 없지만

그녀를 처음 만날 때는

공중전화나 삐삐가 유일한

소통의 수단이었다.

편지도 편지지만

지금 내 마음이 이렇다,

"보고 싶다"를 바로 말할 수 있게

문을 열어 주는 전화카드는

내게 꼭 가지고 다녀야 하는

필수 아이템이었고

전화카드가 커다란 찍찍이

앨범을 다 채울 때쯤 우리는

하나가 될 수 있었다.

오늘 문득 그 앨범으로

기억을 더듬어 본다.

병동

얼마 전까지 병원 문턱도

넘지 않고 약들을 쳐다보지도

않던 네가 유리처럼 약해져

낯선 약들을 한 움큼씩 먹어야 하는

종합 병동이 되어 버렸다.

본인 아닌 다른 사람들을

챙기느라 정신없이 살아온

네가 받은 선물은 약과 병원.

내가 줄 수 있는 건

아프지 말라는 기도와

열심히 운동하라는 독려.

미안하고 부족해도

항상 마음속에 있는 말

우리 함께 아프지 말고

즐겁게 지내요.

3월

고속도로

뻥 뚫린 새로운 고속도로
아직은 차들이 많지 않아
"고속도로는 이래야지" 하며
여유롭게 미끄러진다.
너에게 갈 때마다
이렇게 막히지도 않고
오직 너만 생각하며
오늘은 어떤 이야기로
너를 즐겁게 할까 생각하며
아무 저항 없이 미끄러지듯
너에게 달려가고 싶다.

이변

3월에 때아닌 눈이 내렸다.

기상 이변은 한 해에도

여러 번 생기곤 한다.

봄에 눈이라든지

여름에 우박

가을에 몹시도 더운 날

겨울에 장맛비…

오늘 아침 온 동네에 하얗게

뿌려진 눈꽃은

이내 태양 아래 촉촉한 냇물로

변해 버렸다.

하루살이보다 더 짧은 수명이다.

문득 생각해 보면

30년 전 널 만난 시간도

내 생에 한 번 찾아온

가장 확실하고 강력한

이변이었다.

카페인

예전엔 하루에 몇 잔을 마셔도

잠만 잘 자던 네가

언제부턴가 커피 두세 잔에

미치도록 양을 세야 하고

때로는 뜬눈으로

밤을 지새우게 되어 버렸다.

원인이 무얼까?

카페인에 약해지고 무릎을 꿇어 버린

이유가 무얼까?

생각해 보면 아마도

무적의 아이 엄마, 내조 여왕이

이젠 지치고 조그만 자극에도

쉽게 무너지는 여리고 여린

여인이 되었기 때문 아닐까?

이모티콘

사랑스런 이모티콘

말로 표현하지 못할 때

움직이는 그림 속에 여러 뜻이 함축된

다양하고 귀여운 여러 가지 이모티콘.

네가 잠깐이라도

짬이 날 때 보내 보는 이모티콘.

무궁무진한 수많은 소식에

보내 보는 연락책.

일일이 전화를 걸지 않아도

네게 소식을 전할 수 있는

사랑스런 이모티콘.

배움

느지막이 다시 시작한

나의 뽀시래기와 나.

가정과 심리를 배우느라

쩔쩔매기도 하고

소파에 철퍼덕 누우며

힘들다고 투정 아닌

투정을 보고 있노라면

나도 더 열심히 해야겠구나

마음을 다시 잡곤 한다.

배움에는 끝이 없어

끝없이 전진하는 모습이

너무도 대견하고

자랑스럽다.

바람

오늘따라 바람이

유난히도 강하게

마른나무 낙엽들조차

모두 날려 버릴 정도로

세차게 불었다.

가기 싫은 겨울과

서둘러 오려는 봄이

서로 줄다리기하는 중인가 보다.

너와 함께 옷깃을 여미고

웅크리며 바람을 피하고도 싶고

다가올 따뜻한 봄 햇살에

가볍고 산들거리는

새 옷을 고르러 가고 싶은

바람 부는 하루다.

플라스틱

석유에서 출발해

변하지 않고 오랫동안 사용하는

플라스틱은 인류 문명에

지대한 영향을 미쳤고

앞으로도 그럴 것이 분명한

실로 엄청난 발명품이다.

몇백 년이 지나야 겨우 분해되는

플라스틱처럼

너에 대한 나의 믿음과 사랑도

영원하지는 않아도

백 년쯤은 변하지 않고

그대로였으면 좋겠다.

다시 2

문득 갑자기

다음 생애에도 나를 만날 거냐고

내게 묻는 너에게

지금까지 30년

앞으로 30년

힘들게만 살아온 너에게

다음엔 더 잘해 주고

더 아껴 주는 사람을

만나 보라고 답하고

내뱉은 말과 달리

너 아니면 안 된다고

다음에 더 아껴 주고

더 잘해 주는 사람이

나였으면 좋겠다고

너였으면 좋겠다고

너를 꼭 안아 본다.

ⓒ 이종문

주차

반듯한 사각형에

줄만 맞추어

때로는 보조 장치들의

편리함을 빌리기도 해서

그대로 편하게 주차하면

된다고 하는데

모양도 다양하고

크기도 모두 달라

저마다 제각기

삐뚤삐뚤 주차를 한다.

굳이 너를 빗대자면

너는 내 마음에

정확하고 바르게 스르르 다가와

오래오래 내 마음 주차선에

주차를 했다.

너는 주차를 참 예쁘게도 한다.

때

모든 것에 때가 있는 법이다.

싱싱한 과일도 파릇한 젊음도

신선할 때가 있고

절실히 필요했던 배움도

모두 때가 있다.

내가 너를 조건 없이

그저 너라서 좋아했던

그 시절도 어쩌면

때가 있는 것처럼 그냥 좋았다.

어쩌면 지금은 때가 아니라 해도

뭐 어떠냐.

좋아하는 것은

시도 때도 없는데 말이다.

터치

쓱쓱 싹싹 소파에

반대로 누워

발이 닿아 부비며

너의 온기를 오랜만에

느끼다 문득 든 생각이

예전에는 쓱쓱 싹싹이

아니라 보들보들이었고

뽀송뽀송이었는데

이제는 세월의 흔적으로

거칠어진 우리가

되어 버렸다는 것.

더 낡기 전에 오늘도

보듬어서 터치 터치.

통화

목소리가 듣고 싶어서

그리도 많이 듣고

귀로 머리로 각인이

되어 있을 텐데

틈만 나면 단축키를

누르고 안부를 묻는다.

매일이 똑같아도

매일이 달라도

수화기 너머 들리는

네 목소리가 언제나 반갑다.

여전히 나는 네가

좋은가 보다.

알람

사람들은 모두 머리에
시계가 있나 보다.
알람을 맞춘 시간보다
항상 일찍 눈이 떠진다.
때론 너무 일찍
머리 시계가 동작해
다시 눈을 감아야 하나,
오동작을 만든다.
종종 뜬눈으로 밤을
지새우는 네가
내가 늦을까 걱정하는
고마운 알람이다.
내 몸의 알람보다
걱정해 주는 네가
더 정확한 알람이다.

연기

이른 아침 내린 눈꽃은

어찌나 예쁘게 나무 위에

자리 잡았던지

카메라의 셔터를

연실 찰칵찰칵 누르게 된다.

아침의 멋짐은

이내 한낮의 온기로

아쉬움을 뒤로한 채

흔적조차 없이 사라져 버렸다.

하루 종일 너를 만날

시간을 기다리며

너를 사랑하는 마음이

한낮의 눈꽃처럼

연기처럼 사라지지 않도록

아침 풍경처럼

되새기고 되새겨 본다.

폭삭

가슴이 찡하고

가슴이 푸근하고

가슴이 울먹이는

그런 드라마를

써 내려가는 사람들은

가슴에 무엇이 있어

그리도 아름다울까.

실제 인생도 그렇게

가슴이 찡하고

푸근하고 아름다울까.

너를 만난 30년이

드라마 같다.

한 편같이 빠르기도 하고

시리즈처럼 희로애락이

모두 다 있다.

다시 시작할 30년이

가슴 아프지 않도록

나도 멋지게

써 내려가고 싶다.

ⓒ 이종문

고운 말

사람을 기분 좋게

하면서 말하는

즐거운 사람이 있고

한 마디 한 마디가

가슴을 찌르는

그런 사람이 있다.

말 한마디로

내가 더 열심히 하고 싶게

입에서 꽃이 나오는

아름다운 사람이 있고

입에서 칼과 총이 나오는

가슴 아픈 사람이 있다.

나는 어떤 사람일까?

입에서 고운 말이 나오는

사람이 멋진 사람이

되고 싶다.

정답

수학 문제를 풀듯이

아무리 어려운 문제에도

해결 방법이 있듯이

우리 사이도

술술 풀리는 정답이

있었으면 좋겠다.

공식 같은 비법도

차례로 따라 하기만 하면

너의 마음과 더

함께할 수 있는 정답이

있었으면 좋겠다.

코딩

나만 바라보게

너만 생각하게

마음의 깊이를

또각또각

코딩했으면 좋겠다.

온 세상에 AI가

유행한다고 해도

아무도 누구도

할 수 없고

오직 너와 나만이

가능한 코딩을

할 수 있으면 좋겠다.

하트

눈에서 하트가

발사되는 사람이 있다.

화가 날 만도 한데

눈에서 사랑이 뿜어져

뭐라고 하지도 못하게

눈에서 맑고 밝은

기운을 발사하는

영혼이 맑은 사람이 있다.

그 눈에

그 영혼에 동화되어

작디작은 눈이지만

모든 것을

사랑스럽게 보고,

모든 것에

긍정적인 너로 인해

내가 변하고 있다.

감사

살다 보니 감사할

일들이 너무도 많다.

온갖 힘든 일에도

함께해 준 너와 아이들.

굳건히 나를 믿고

함께해 준 동료들.

부족하지만 너그러이

나를 지원해 주신

고마운 선배님들.

나를 좋아해 주고

또 믿어 준 친구들.

때때로 조언과 충고로

올바르게 자리 잡게

인도해 준 분들.

세상엔 너무도

감사할 일들이 많다.

4월

따스함

오늘은 지난 며칠이

아무렇지 않은 것처럼

맑게 하루를 시작한다.

기분까지 좋아지고 기대되는 하루

역시 날씨는 맑고 따스한 게 좋다.

푸르른 녀석들도

햇살을 느끼고 따스함을 바라본다.

그래서 나는 푸르고 시리도록

맑은 하늘이 좋다.

따스한 햇살 같은

너만 바라볼 수 있어 좋다.

비 1

비가 옵니다.

비가 세상에 스며들듯

그대도 살포시 내게

스며들고 있습니다.

내가 우산으로 피하려 해도

하늘을 막을 수 없듯이

어쩌면 우리도 하늘을

막을 수는 없나 봅니다.

세상이 비에 젖듯

그대도 나를 적시고 있습니다.

오늘도 행복한 하루 되기를…

지금 내리는 빗방울 수보다

많이 생각합니다.

ⓒ 이종문

기대

활짝 핀 꽃보다

이제 피기 시작하는 꽃 몽우리들을

더 좋아한다.

활짝 핀 꽃들은 이제 곧

떨어져 끝으로 가야 하지만

이제 시작하는 몽우리들은

앞으로 더 예쁘고

아름다운 시간을 기대할 수

있기 때문이다.

나와 함께하는 그대도

앞으로가 더 기대되고 더 찬란할

꽃 몽우리 같다.

달 1

달이다.
커져 가는 나의 마음이다.
아직은 어쩌면 다 완성되지 않은
반쪽짜리 달이다.
하지만 말하지 않아도
커다란 보름달이라는 걸
전체를 보지 않아도
우리는 알 수 있다.
한낮의 빛 속에서도
어두운 밤하늘에서도 감출 수 없고
멀리 있어도 그대를 비출 수 있는
점점 더 커져 가는 나의 마음이다.

아침

찬란한 아침의 태양은

누구에게나 멋지고 행복한 에너지.

아침에 눈을 떠 같이

둘이서 보고 싶은 간절한 풍경화.

언젠간 너와 단둘이

고요한 아침을 맞이할

기나긴 바람.

간밤 속닥속닥 둘만의

이야기꽃 뒤에 피는

하나 되는 멋진 기대감.

텔레파시

오래전 텔레비전에 숟가락을

마음으로 휘게 하는 박사가

텔레파시라는 생소한 말로

나의 머리에 들어온 적이 있다.

갑자기 네가 생각나거나

순간순간 보고 싶을 때

멀리서 텔레파시라는 걸

내게 보내고 있지 않을까?

어서 오라고 보고 싶다고.

나무

모두들 나무를 옆에서
뿌리부터 나무 꼭대기까지
보고 있을 때
나는 아래에서 나무 꼭대기로
바라보는 것을 더 좋아한다.
푸르른 나뭇잎 사이로
숨겨진 더 파란 하늘을 볼 수 있기
때문이다.
모두들 아무렇지 않은 듯
하루하루 견뎌 내는 너를
보지 못하고 웃고 있는
겉모습만 보고 있을 때
마음속 깊은 상처를 보듬고
같이 공유하고 이야기할 수 있게
좀 더 깊고 든든한 나무가
되었으면 좋겠다.

4월의 설렘

째깍째깍 시간은 흘러가고

그토록 시리던 그 겨울도

벚꽃과 새싹들에 자리를 물린다.

이제 조금 있으면

진달래와 개나리가 온 세상을 누비며

눈에도 호사를 누릴 시간이

누구에게나 펼쳐질 것이다.

이른 아침부터 늦은 밤까지

고생하는 우리에게

잠시 눈을 돌려

풍경도 보고 나를 보라고

또박또박 오랜만에 시를 써 본다.

뚜벅뚜벅 너에게

조금씩 다가가는 설렘이 가득한

따뜻한 아침이다.

ⓒ 이종문

민들레

동그랗게 피어난 민들레 씨앗

길을 걷다 보면 볼 수 있는 반가움.

매일 운전만 하다 보면

놓칠 수 있는 소중함이지.

살짝 호호 불어 날려 볼까 유혹도 되고

널 닮은 보드라움과 동그람이

없어지는 게 싫어 그냥 가만히

바라보며 널 생각해 본다.

잠깐의 유혹보다는

오래오래 널 보고 만질 수

있으면 좋겠다.

존재

흠뻑 내린 봄비로

만개한 봄꽃들이

져 버리는 아쉬움을 뒤로한 채

싱그러운 나뭇잎은

갈색이 녹색으로

또 새로운 꽃들의

밑거름이 되어 시작되고

아침을 상쾌하게 만드는

방울 소리로 시작하게 한다.

모든 것은 서로 필요하고

내가 그렇듯 네가 그렇듯

오늘 우리는 또

필요한 싱그러운

존재가 되어 아침을 맞는다.

어린이날

지나 보면 일 년 중

가족에게 가장 미안하고

같이 있지 못해

서럽고 안타까운 날.

일이 먼저였고

회사가 먼저였던

흐릿한 사진 속에

아빠가 없는 미안함.

해마다 5월이면

어린 나의 씨앗들과

함께하지 못해

가슴 한구석이 먹먹하다.

어버이날

부모님께 드리던

설렜던 그 감정과

아이에게 꽃을 받는

이 감정에

고마움과 먹먹함이

교차하고

오래 함께하지 못해

문득문득 생각나는

젊으시던

아버지와 장인.

갱년기

아름다운 젊은 너도

싱그러운 젊은 나도

가족 위해 온몸 태워

지금에야 알게 됐어

하루에도 열두 번씩

두근두근 후끈후끈

혼자만 덩그러니

남아 있는 두려움

하지만 걱정 말자

우리 서로 위하면서

이제부터 시작이니

우리 위해 두근두근.

닥터 스트레인지

보고 싶을 때 매직으로

너에게 찾아가면 좋겠다.

바쁜 너를 방해 않고

그냥 한 번 보고 오면

힘이 나고 신이 날 거야.

혼자 밥 먹기 싫을 때

매직으로 너에게

날아가 앞에서

조잘조잘 재잘재잘

이야기해 주면 좋겠다.

넌 보기만 해도

아무것도 안 해도

그냥 너로 좋으니까.

일요일 아침

둘이서 맞이하는

일요일 아침

바쁘게 한 주를 보내고

귀찮은 듯 누워

살포시 창문을 열고

구름 한 점 없는

파란 하늘을 보노라면

한 주의 근심과

걱정들은 모두 사라져

이렇게 둘이

꼼지락꼼지락

여유롭게 계속

같이 있고 싶다.

호텔 캘리포니아

온몸에 흐르는 기타 선율

전주부터 가슴이 뛰고

리듬에 몸을 맡기게 된다.

기타의 선율은

클라이맥스를 지나

맨 끝의 박수로 끝날 때까지도

멋지고 감동적이다.

우리의 시작도

전율과 감동이듯이

끝까지 아름답고

멋지게 마지막까지

함께하면 좋겠다.

왜 이러지

춥다가 덥다가

비 오다 바람 불다가

5월의 날씨는

해가 갈수록

더 변화무쌍하다.

아이스커피가 반가운 오늘

따뜻한 커피를

좋아하는 너.

아이스를 좋아하다가

너 따라 따뜻한 커피를

좋아하게 되었다.

네가 좋아하는 건

나도 좋다.

딸랑구 1

오랜만에 집에 왔다.
뭐 그리 사는 게 바쁜지
각자 열심히
살아 보자 해 놓고
안 보면 서운하고
아쉬운 마음이 크다.
언제 그랬냐는 듯
또 만나면 반가운
내 반쪽과 만든
최고의 선물.
우리 마음을
아는지 모르는지
언제나 쿨한 너도
나중에 널 닮은
딸랑구를 보는 마음을
이해하게 될 거야.

ⓒ 이종문

아이돌

내가 파릇한 나이엔

아이돌이란 단어가 없었다.

이제

내 아이들보다

더 어린 아이돌이

TV에 나올 때

서태지와 아이들을

떠올리는 건 너무 노땅인가.

이제는 전혀 모르는

어린 친구들을 보자니

다시 한 번

돌아가 보고 싶다는 마음이

쬐끔은 꿈틀거린다.

그 시절 널 다시

보고 싶다는 마음이

꿈틀거린다.

내 마음

살다 보면 내 마음 같지
않을 때가 많다.
나와 같은 생각을
하고 있겠지 하며
대수롭지 않게 넘어갈 일도
일일이 설명하고
변명처럼 늘어놓아야 하는.
그러다 보면
생각하는 것과 다르게
오해를 만들고
마음을 아프게 하는 일들.
내 마음 같지 않을 때
한 번 더 생각해 주는
또 내가 되고 싶다.

심사숙고

어떤 일을 할 때

때때로 너무 깊게

심사숙고하다 타이밍을

놓치는 경우가 종종 있다.

심사숙고가 나쁜 건

절대 아니지만

때로는 가볍게

선택하고 결정하고

실행해야 할 때도 있다.

두 경우를 딱 잘라

고를 수는 없지만

마음이 먼저 가는 걸로

결정해 보자.

그러고는 달리는 거다

후회 없도록!

더하기

사랑하는 감정을 더하면

미움도 빼질까?

서운한 마음을 더하면

사랑도 빼질까?

항상 똑같은 마음을 기대하고

항상 더 좋은 감정을

기다리다 보면

작은 서운함에도

배신감이나 서러움이 더 클까?

네 앞에선 마음을

더하거나 빼기가 잘 안 된다.

그래도 매일 너를 생각하며

생각 더하기 중이다.

'너는 항상 기쁨만 더했으면 좋겠고

그 더하기가 나였으면 좋겠다'라고….

종이 사진

낡은 사진 속 우리는

지금보다 상큼하고 풋풋했다.

미래를 몰라 더 희망찬 얼굴.

요즘은 미디어의 도움으로

연신 많은 양의 사진을

찍어대지만 정작 손으로

만져 보고 기억할 수 있는

종이 사진은 드물다.

쉽게 갖고 쉽게 없어져

기억도 가물거리는 요즘이다.

다시 시작하는 우리는

오래 기억될 수 있게

보고 만질 수 있는

종이 사진 같았으면 좋겠다.

박수

손뼉을 마주쳐 보자.

보드라운 소리가

날 수 있도록 너와 나

함께 사랑하는 마음으로

박수를 쳐 보자.

그 경쾌함과 즐거움이

시간 가는 줄 모르고

떨리는 마음으로

이렇게 함께하는

박수를 쳐 보자.

ⓒ 이종문

신세계

한 번도 가 보지 못한

처음으로 도착한

이런지 전혀 몰랐던

거부할 수 없는

계속 가고 싶은

쉽게 결정하지 않은

여러 번 가도 또 가고 싶은

혼자서는 만족할 수 없는

같이 가야 즐거운

너와 함께 열어 가는

신세계.

빛

세차게도 내리던 비는

이제 잦아들어 몽글몽글

방울만 만들고

사뿐사뿐 땅을 적시기도 전에

태양은 밤사이 눅눅함을

날려 버리는 아침이다.

덕분에 꽤나 상쾌한 아침.

밤사이 별일은 없었는지

좋은 꿈은 꾸었는지

내렸던 빗방울 수보다

피어나는 태양의 빛보다

더 많이 생각나는 아침.

네잎클로버

누군가의 행운을 빌어 준다면

가장 먼저 떠올리는 것 중 하나가

네잎클로버일 거다.

건강도 빌어 주고

행복도 빌어 주고

또 사랑도 빌어 주지.

난 항상 너라는

네잎클로버가 있다.

나를 위해 항상 기도해 주고

걱정해 주는 너.

나도 너의 초록빛

네잎클로버이고 싶다.

그네

파란 하늘을 향해 올라갈 땐

푸른 꿈과 설렘이 가득하지.

그것도 언제였던가

땅으로 내려올 땐

무섭고 두렵고 걱정되지.

올라갔다 내려갔다

매분 매초 흔들리는 거

잘 알고 나도 같아.

잃을 것과 얻을 것들

고민하고 고민해도

정답 없는 올라갔다 내려갔다

하지만 그 끝엔 언제나

내가 있을 거야.

언제나 네가 있을 거야.

친구

40년 가까이 알고 지내던

친구가 왔다 갔다.

일과 삶에 찌든 나를

위로해 주고 힐링해 준 친구.

오랜만에 사투리도 실컷 쓰고

무장 해제하게 한 친구.

건강하게 오래 보자는

말을 남기고 내려갔다.

내겐 너무 고마운 친구.

잘 가시게 또 봅시다.

갑자기

아끼는 사람에게

갑자기 약속을 청했다.

거절하면 어쩌나 걱정도 했지만

이 사람은 언제나 흔쾌히

장단 맞춰 줄 거라는 걸 믿었다.

나도 그랬으면 좋겠다.

너도 그럴 거라 믿는다.

갑자기 그 친구가 보고 싶어

약속 메시지를 보냈다.

너무도 고맙게 동의해 주었다.

넌 역시 멋지고 대단하다.

사랑스럽다.

국화차

때늦은 저녁

하루를 마무리하는 순서로

가끔씩 국화차를 마신다.

따뜻하게 물을 데우고

앞에 네가 있다는 마음으로

티백을 준비해 한소끔 걸러 낸 후

다시 따뜻하게 우려 내면

하루 복잡했던 일과도

보고 싶던 마음도

향긋하게 내려놓을 수 있다.

언젠간 마주 앉아

도란도란 정겨운 이야기를

나눌 그날을 기다리며

오늘도 국화차를 준비한다.

별 따기

널 처음 본 그때는

하늘의 별도 달도 다 따 줄 거라며

불가능도 두려워하지 않았지.

많은 시간이 빛과 함께 날아

어느덧 우리 나이 50대.

하늘의 별과 달보다는

재잘재잘 너의 이야기와 함께하고,

토닥토닥 너의 외로움을 달래 주고,

둥실둥실 모든 것에 감사하는

세상보다 더 소중한 너를

언제나 별과 달과 함께할게.

우리 서로 놓지 말아요.

잊지 말아요.

도시락

또각또각 당근을 썰고

사각사각 사과를 썰고

싹둑싹둑 토마토를 넣고

약간의 견과류와 요거트.

졸린 눈으로 준비하는

낼 아침 도시락이

바쁜 일상 속 조금이라도

몸에 도움 되리라 믿으며

나를 위한 것이 아니라

널 위한 것이라 귀찮아도

즐겁게 준비해 본다.

ⓒ 이종문

젊은 친구

젊음이 영원할 거라고

지금 네가 옳다고 말하는

젊은 친구여

내 비록 그대보다 느리고

떨어지는 감각을 가지고 있어도

누구보다 그댈 생각하고

그대와 잘 지내고 싶다네.

그대보다 먼저 달려 본

경험과 실패로 그대가 다시

나와 같은 실수를 하지 않도록

그대를 지키고 함께하고 싶으니

젊음이 영원할 거라고

그대가 옳다는 것에 반박하는 게 아니라

나도 여기까지 오느라 힘들었으니

나도 한 번 기회를 달라는 걸세

같이 가세 젊은 친구여.

더위

가만히 앉아 있어도

숨과 함께 뜨거운 기운이 보태져

제법 더운 날씨가 온다.

너는 겨울보다는 여름이

좋다고 했지만

나는 더우면 더운 대로

추우면 추운 대로 좋다.

더우면 너와 함께 시원한 거

먹을 기회가 있어서 좋고

추우면 너와 함께 꼭 안고

호호 불며 추위를

나눌 수 있어서 좋다.

그래서 사실은 사계절이 다 좋다.

너와 함께라 더 좋다.

딱

바쁘게 하루를 달리고

덩그러니 혼자만 남게 되어

천장을 바라보며 누워

딱 지금 생각나는 사람이 있다.

누구도 뭐라 하지 않고

아무것도 안 해도

여유로운 지금.

딱 생각나는 사람이 있다.

언제나 행복하고

즐거웠으면 하고 바라는

사람이 있다.

숙성

아주 오래 걸려 빚은 술처럼

아주아주 오래 걸려

너의 마음을 알게 되었다.

나와는 다르다고 쉽게 판단하고

너를 이해하고 다시 시작하기까지

아주아주 오래 걸렸다.

이제 네 마음을 알았으니

아주 잘 숙성된 술처럼

점점 깊은 맛이 나기를.

얼마 되지 않았지만 다시

오래오래 잘 숙성시켜 보자.

후련함

속이 후련하다.

누구에게도 잘 하지 못한 말을

어떻게 생각할까 고민 안 해도

툴툴 털며 부담 없이

이야기를 주고받을 수 있는

뽀시래기가 곁에 있어

너무도 감사하고 지금 이 순간

속이 후련~하다.

그런데

갑자기 든 생각은

나는 후련한데

다 들어 주는 너도 후련할까

아니면 나만 후련할까.

너도 나에게 털어 버려도 된다.

나도 다 들어 줄게.

일요일

조용하고 편안한 일요일 아침.

뒹굴뒹굴해도 좋고

아침 창을 열고 가만히

파란 하늘을 보고 있어도 좋다.

솔솔 부는 시원한 바람이

기분을 더 좋게 만든다.

바로 따라오는 월요일부터

또 전쟁이겠지만

이 여유를 즐길 수 있을 때

즐기리라.

너의 창문 밖도 파랗고 시원한지

일요일이나마 편하게 쉴 수

있기를 기원해 본다.

ⓒ 이종문

쓸모

아무짝에도 쓸모가 없다.

같이 있지도 못하고

위로할 수도 없고

당장 어깨를 내어 줄 수도 없다.

말뿐인 내가 너무도

초라하고 작아 보인다.

문제 풀 듯이 술술 풀렸으면 하고

잘되기를 바라며 기다릴 뿐.

내가 도움이 되었으면

좋겠는데 실상은 별로인 것 같다.

그래도 그래도

누구에게도 하지 못하는

말들을 털어놓을 수 있는

고민 항아리는 잘할 수 있고

네 편이 항상 있다는 걸

항상 잊지 말아요.

스무 살

오늘 스무 번째 생일을
세 번 반복해 환갑인
형님과 식사를 했다.
스무 살
모두 그 꽃다운 나이를
그리워하고 기억해 냈다.
나도 처음 더 큰물에 나가
새로운 걸 배우고 경험했던
시기라 기억이 난다.
다시 그때로 돌아간다면
좀 더 적극적으로
좀 더 진심으로 시작해서
오랜 시간 허비하지
않겠다고 다짐해 본다.

상처

새끼손가락을 살짝 베였다.
살짝이지만 날카롭게 지나가
며칠 동안 신경 쓰이리라.
이렇게 작은 상처도
신경이 쓰이는데
마음의 상처는 얼마나
신경이 쓰이고 쓰라릴까.
가슴 깊은 곳
잘 말하지도 못하는 깊은 골은
세월이 지나도 여전히
상처가 되고 여전히 아프다.
너의 상처에는 효과 좋은
마음 치료 밴드가
내가 되었으면 좋겠다.

두려움

두려움에 떨고 있나요?

상대가 너무 강해 말도 못 붙이고

당할 것만 같아 무섭나요?

피를 토할 것 같은

어마어마한 상대도

모두 한순간입니다.

숨 한 번 크게 쉬고

울음이 날 때마다 한 템포 쉬어

상대가 으르렁거리는 것은

그만큼 약점이 있거나

질 것 같아 그런 것이니

두려워하지 말아요.

잘할 수 있고 이미

충분히 강하니 걱정 말아요.

든든한 지원자가 있으니

걱정 말고 힘내요.

ⓒ 이종문

달 2

아침 하늘 속에 숨겨진

하얗고 뽀얀 달을 발견했다.

땅만 보고 걸어갔다면

보지 못했을 흐릿하게

사라져 낮의 파란 커튼 속으로

보이지 않을 달을 발견했다.

오늘따라 너무도 파란

하늘 속에 잡을 수 있을 것 같지만

잡을 수 없어 바라만

보아야 하는 아쉬움이 큰 달은

밤에 보는 달과는 또 다른

느낌이다.

너도 아침, 점심, 저녁, 밤, 새벽

다시 아침, 점심, 저녁, 밤

계속 보고 보면서

기뻐하고 싶다.

이해

네가 말한 의미를

이해하지 못하거나

내가 말한 의미를

이해하지 못할 때

한 번 더 들어 보려 하고

다시 말하게 하는

대화에도 궁합이라는 게

있나 보다.

꽉 막혀 있지 않고

서로를 이해하려

배려하고 노력하는

예쁜 모습이

너에게는 가득하다.

방

딸내미와 이사를 위해

새로운 방들을 둘러보다

이리 힘들고 고단한 일을

예전엔 일이 먼저여서

혼자 집들을 구하게 한 게

미안해지고 대단한 일을

해냈구나 하고

고마움을 느꼈다.

같이 물도 틀어 보고

빛도 잘 드는지 둘러보면

나이가 들어서도

설레고 가슴 뛰겠지.

생각만 해도 즐겁고

기대가 많이 되는 미래다.

진통제

TV에 나오는 붙이는 진통제.
주사나 먹는 약 대신
파스처럼 붙이면
살 속으로 스며들어
고통을 잊게 해 준다고 한다.
현실에서도 쓰이나 본데
꽤나 효과적인가 보다.
아주 먼 미래에는
마음을 치료하는 진통제가
나올 수도 있겠지?
힘들고 가슴 아픈 일들도
잘 보듬어 치료해 주는
그런 훌륭한 치료제.
지금은 내가 너의
네가 나의 훌륭한 치료제가
될 수 있기를 바라며.

7월

자연

매일 걷는 자그만 골목에
장미 넝쿨이 있다.
봄 내내 너무도 붉은 향기를
보내더니 이젠 그 붉은색을
뒤로하고 푸르름만 남았다.
자연처럼 거를 수 없는
시간의 흐름과 같이
우리도 서로 막을 수
없는 걸 잘 알고 있다.
꽃이 지고
또 다른 푸르름이 오듯이
우리에게도 새로운 푸르름이
함께할 수 있다는 믿음과
사랑 꽃이 함께 피어날 거다.

후회

나를 만나고 알게 된 후

후회를 해 본 적이 있을까?

너를 만나고 알게 된 후

후회를 해 본 적이 있을까?

행복했던 순간이

오래오래 갔으면 하는데

모든 것을 다 맞춰 주고

어렵고 힘든 일들도

스스럼없이 다 맞춰 주는

요즘을 보면 너 덕에

세상을 다 가진 사람이 된다.

미천하고 나약한 내가

더 커 보이고 자신이 생긴다.

한국이 좋다

멀리 외국 출장을 다녀와

착륙하는 순간 밀려오는

고국의 푸근함과 안정감

역시 나에겐 한국이 좋다.

네가 기다려서 좋다.

같은 하늘 아래 있어서 좋다.

같은 시간대라 좋고

가까이 있어서 좋다.

이 핑계 저 핑계를

다 말해도 난 한국이 좋다.

내 것이라 좋다.

네 것이라 더 좋다.

장마 1

부슬부슬 내리던 비는

이내 앞을 볼 수 없을 정도로

쏟아붓는다.

쉴 새 없이 내리는 비는

끝내 온 나라를 물속으로

밀어 버린다.

사람의 힘으로 막을 수

없는 대자연의 힘

사람의 힘으로 막을 수

없는 것이 또 이뿐이랴.

막으려야 막을 수 없지만

지리한 이 장마도 끝이 있듯이

간절한 이 기다림도

희망으로 끝이 보이리라.

기쁘게 이 순간을 즐기리라.

아프지 말자

아픈 것도 모르고

오로지 앞만 보고 달렸던

가족 위해, 오로지 남을 위해

자기 몸이 망가지는 것도

모른 채 시간이 이렇게 됐다.

오래오래 보려면

이야기도 많이 하고

행복한 미래를 기약하려면

우리 아프지 말자.

건강하게 즐겁게

남은 나날들을 보내도록.

언제나 너를 보면

웃을 수 있게.

ⓒ 이종문

에릭

아주 오랜 친구가 있다.

형제라 부르며 호형호제하던

아주 오래전에 만났고

오랜만에 만났다.

마음은 예전 그대로인데

나의 형제의 하얀 머리와

나의 주름 깊이에 세월이 묻어 있다.

그의 가족이 행복하고

나의 가족이 행복하기를

기쁜 마음으로 기도하며

네가 나의 한 부분이 되어

너무도 기쁘고 행복한 밤이다.

여유

하루를 여러 스케줄로 쪼개

바쁘게 지내다

문득 삶의 목적에 대해

생각하게 되고 궁금해졌다.

무엇을 위해

어떤 것을 위해 또 누굴 위해…

고민의 끝은 '여유'인 것 같다.

너와 함께

하고 싶은 거 하고

먹고 싶을 때 부담 없이 먹고

사치와는 분명 다른.

함께 보낼 시간의 여유도

한가로이 산들바람을

느낄 수 있는 여유도

바쁜 세월의 결실이리라.

지금 이 순간을

감사하며 즐겁게 보낸다.

스케줄

월요일엔 뭐하고

화요일엔 뭐하고

수 목 금 토

일정이 빽빽하게 들어서 있다.

도대체 뭐 하는데?

하며 질문을 던지면

요즘 정신 나간 사람처럼

정말 바쁘게 산다.

일복 많은 친구의

에너지 덕분인가?

그래서 너와 통화하는

짧은 시간이 소중하고

감사하다.

복숭아

제철인 복숭아를 보면

네가 생각난다.

예쁜 널 닮아

분홍빛 탐스럽고

보들보들 뽀얀 피부와

어느 편도 더하지 않게

분홍색이 나뉘었다.

아삭아삭

맛있는 소리를 더하고

때로는 입안을

흠뻑 적시는 상큼함

제철인 복숭아는

널 닮았다.

기도

멀쩡하게 잘 아프지 않던 네가

한 번씩 아플 때면 가슴이 철렁한다.

해맑게 웃고 전혀 아픔이란

모를 것 같던 네가

몸살이라도 나기 시작하면

어찌할 바를 모르겠다.

대신 아파 주고

대신 힘들었으면 좋겠다는

마음만 가득할 뿐

내가 할 수 있는 거라곤

작은 기도.

생각해 보면 아주 오래전

약 봉투를 건네던

아련한 기억이

얼른 좋아지기를

바라는 마음에 더해지기를.

팥빙수

하얀 우유를 얼리고 갈아

베이스를 시원하게 만들고

잘 익힌 팥을 고명으로

잔뜩 얹은 풍부함에

화룡점정으로 인절미를

한 움큼 흩뿌리면

단 세 재료로도

훌륭한 팥빙수가 된다.

화려하진 않지만

필요한 몇 가지로도

시원한 옛 추억의 맛을 내듯이

너에게 향하는 나의 마음도

화려하진 않지만

한 사람을 위한 마음이

베이스가 되고

너만 바라보는 마음으로

고명을 얹어

변하지 않는 시원한

반쪽이 되고 싶다.

딸랑구 2

딸아이가 아프다.
신우신염이란다.
바쁘다는 핑계로
가 보지도 못하고
전화로만 안부와
열 상태를 물었다.
점잖게도 아빠를
위로하는 너에게
감사함과 미안함을
전하며 하루속히
쾌차하길 바란다.

장마 2

요즘 장마는

너무도 다르고 요란스럽다.

갑자기 내렸다가도 금세

강렬하게 태양을 내린다.

반쪽은 검디검은 먹구름이고

또 반쪽은 파란 하늘과

소프트아이스크림 색깔의

구름이 조화롭게 차려져 있다.

방금 전 샤워기를 튼 것 같다가도

깊고 푸르른 하늘을 선물한다.

우리가 함께라면

비도 태양도

먹구름도 흰 구름도

함께 달리는 즐거운 이야기의

하나이다.

드라이브 1

함께 달린다는 것은

그냥 같이 있다는 것을 넘어

주변 풍경도 같이 보고

각자의 통화도 들어 보고

서로를 이해하고

함께한다는 즐거움과

맑다가 어두웠다가

비 왔다가 갰다가

너의 말대로 인생 같은

여정을 함께한다는

큰 의미가 있다.

올림픽 1

다양한 종목으로

세계의 젊은 청춘들이

그동안의 땀의 결실을

커다란 축복과 함께하는

올림픽은 4년마다

세계 여러 곳에서 열린다.

너를 만난 지 벌써

올림픽 일곱 번째를 넘어

여덟 번째를 향하고 있다.

기쁨과 감동을 함께 나눌

앞으로의 많은 올림픽도

건강하고 즐겁게

함께했으면 더 좋겠다.

ⓒ 이종문

기억

좋은 기억이든

조금 좋지 않은 기억이든

좋은 것만 기억할 수 없고

또 좋지 않은 것을 맘대로

지울 수 없으니

기억은 참 어렵다.

오늘 하루 종일

심란하고 복잡하지만

좋은 기억이든

좋지 않은 기억이든

기억할 수 있는 것에 감사하고

맑은 기억으로

건강하게 다시 돌아와

아프지 않고 오래오래

건강하게 보았으면 좋겠다.

최고의 선물

사람을 만나면서

인생을 살아가면서

그리고 내 삶을 만들어 가면서

내게 최고의 선물이 무얼까?

네게 최고의 선물이 무얼까?

건강일까? 금전일까?

사람과의 관계에서

우리가 알아 가고

하루하루를 새로 만들면서

최고의 선물은

너와 내가 아닐까?

내게 최고의 선물은

나를 허락해 준 너.

8월

올림픽 2

내가 그들의 나이 때

즐겨 보던 땀 흘리던 청년들.

이제 내 아이들과

같은 나이의 청년들이

최선을 다하는 것을 보니

감회가 새롭고 즐겁다.

세월이 흘러도

최선을 다하는 모습은

언제나 경이롭고 존경스럽다.

너에 대한 나의

그리움의 크기나 바람도

세월이 지나가도 한결같다.

시간이 흘러 좋은 것도 있고

그대로인 것이 좋을 수 있지만

너에 대한 나의 마음은

언제나 그대로일 거다.

금메달

얼마나 많은 날들을

얼마나 많은 땀들을

흘리고 또 흘리고

다시 처음부터

하나하나 정성 들여

시작하고 또 시작했을까?

한순간의 실수도

용납되지 않는

이 치열했던 순간도

환한 미소와

감격의 눈물로 지워질

그동안의 노력에 대한

보상이라고 하면

너무 거창한 표현인가?

메달의 색깔보다는

모든 것에 열심인

젊은 청춘들에게

존경을 바친다.

허전함

허전하고 공허하다.

밥을 먹어도

가슴속은 왜 이리 허전한지.

멍하니 무슨 말을 해도

들리지 않고 왜 이러지.

별일 없기를

건강하기를

하루 종일 같이 있으며

재잘재잘 수다 떨며

맛있는 거 먹는 날이

빨리 왔으면 좋겠다.

1순위

1순위가 된다는 것은 무리이다.

2순위나 3순위로도 감사하다.

연락이 없어 궁금해해도

같이 있지 못해 아쉬워해도

잘 지낼 거라는 바람에

멀리 9순위나 10순위쯤 되어도

잘되기를 바라고

건강하고 행복하길 바라는 것은

내가 1순위일 거다.

너를 제일 많이 생각하고

걱정하는 것은 내가 1순위다.

롤리폴리

어깨를 들썩들썩

엉덩이를 좌우로

신나는 음악에

기분이 즐겁다.

이제는 옛날 노래지만

나에겐 젊음을 함께한

흥겨운 노래.

지금도 젊다고 생각하지만

몸이 점점 ET가

되어 가는 건 막을 수 없다.

언제나 마음은 청춘으로

롤리폴리.

이별

이별한다는 것은

가슴이 정말 공허하고

가만히 있어도 괴롭고

울고 싶고 눈물 나고

너무도 엄청난 일이다.

나는 이런 일을

겪고 싶지 않다.

너랑 오래오래

행복하게 지냈으면 좋겠다.

이사

아침부터 부산하고 뒤숭숭하게

잠을 설치며 일찍 일어났다.

딸내미가 직접 구하고

손수 부동산을 다닌 첫 집으로의

이사가 바로 오늘이다.

하얗고 깨끗한 집으로

가게 되어 기특하고 대견하다.

이삿짐을 싸고 다시 정리하고

피곤한 하루지만 기분은 좋은 날이다.

내가 네 나이에 첫 집을 구하고

새로운 삶을 시작한 지

30년이 다 되었다는 것도 놀랍고

고사리 같은 손으로

이것저것 정리하는 딸내미도 신기하다.

오늘 고생 많았고 피곤할 텐데

얼른 쉬자.

고맙다, 딸내미. 멋진 아들.

그리고 나의 보물.

1초

순간순간 문득문득

네가 떠오른다.

아주 작은 농담에도

아주 크게 웃어 주는

네 모습이

1초마다 그립다.

우리 처형

산전수전을 같이하며

어느덧 강산이 세 번 변했네요.

언제나 든든히

앞에서 이끌어 주시고

기쁘고 슬픈 일도

함께해 주서서 우리 모두

감사의 마음을 전해요.

앞으로 또 네 번째

강산이 변할 때까지

우리 건강하고 즐겁게 보내요.

생일 축하하고

가장 행복한 날 보내요.

안전 운전

경기도 어느 고속도로의

터널을 지날 때면

"안전 운전, 안전 운전"이라는

안내 멘트가 한참 나온다.

반갑고 행복한

사람을 만나거나

그 장소를 안전하게

갈 수 있도록 길잡이가 되어 준다.

나도 너의 안전한 길잡이가

되었으면 좋겠고

너도 내가 흔들리지 말라고

안전 운전을 외쳐 주면 좋겠다.

ⓒ 이종문

매미

고층 아파트인데도

해마다 대물림으로 찾아와

노래하는 매미 가족이 있다.

어린 아들이 매미를 잡아

방생한 후 벌써 10년이 넘도록

해마다 여름이면 찾아온다.

분명 같은 매미는 아닐 텐데

너무도 신기하고 대단하다.

덕분에 가끔 이른 새벽부터

매미 소리에 깨어 혼미하지만

싫지 않고 왠지 반갑다.

세포에 스민 듯 한결같이 찾아오는

매미처럼 너도 내 세포

하나하나에 기억되면 좋겠다.

초록길

서울에서 부산까지
가로질러 내려왔다.
오늘따라 초록 빛깔
고속도로는 막힘없고
거침없이 직진해서
통화도 신나게 하고
긴 시간이 지나가도
모르게 금방 내려왔다.
멀리 보이는
직진 도로는 초록길이고
구름도 예쁘고
하늘도 예쁘다.

아름

우리 동네 뒷동산에는

한 아름 나무들이 많다.

여름엔 시원하고

겨울엔 꽤 운치가 있다.

빠르고 누구에게는 느린

시간을 먹고 바람과 비를

친구 삼아 아름드리나무는

오늘도 하루하루 행복하다.

나도 오래오래 기억할 수 있는

시간과 함께하는

아름드리나무이고 싶다.

수박

피곤한 몸을 이끌고 집으로 돌아와

하루 종일 땀에 전 지친 몸을 위해

너 닮은 부끄러운 듯 속살이 빨갛고

한 입 깨물면 하루의 피곤함도

시원하게 날려 버리는 수박을

우적우적 크게 크게 깨물어야

수분이 몸속으로 가득

빨려 들어가는 것 같다.

과즙이 다디단 녀석을 만나면

상쾌한 기분은 배가 된다.

여름이 제철인 수박처럼

나도 너에게 시원하고 상큼한

청량감 있는 존재이고 싶다.

ⓒ 이종문

넓다

세계 지도를 보면 한국은
너무도 작고 귀엽다.
세계 거대한 나라의 땅과
비교할 수도 없겠다.
단 몇 시간을 달려서
끝에서 끝까지 갈 수 있는
작은 나라지만
오늘 아침 날씨는
화창함, 흐림, 비, 갬, 화창함을
오가며 변했다.
이렇게 멀지만 작은 나라도
보고 싶을 때 당장 갈 수 없다니
게으른 건지 아쉽기만 하다.
다시 볼 때까지
잘 지내고 항상 행복해야 해.
보고 싶다!

광안리

청춘이 시작되기 시작할 때부터
부산 특히 해운대는
사막의 오아시스처럼
무언가 가 보고 싶고
꼭 가야 하는 곳으로
막연히 좋은 기억이 있다.
여러 번 방문 후 여전히 멋지지만
요즘은 광안리에 대한
더 좋은 기억을 더 간직하고 싶다.
영화제가 열리는 부산
아침 태양의 신비로움과
해수면에 반짝이던 보석들
난 이제 부산 하면
광안리를 더 좋아한다.

귀뚜라미

낮 동안 그리 덥더니

아침저녁으로 제법 조금씩

시원해지는 계절로 변하고 있다.

주차장에 울리는 귀뚜라미 소리가

더운 계절의 쳇바퀴를 돌리고

타는 듯한 더위도 이제 곧

풀 냄새와 낙엽 냄새로 진화되는

막을 수 없는 시간이 오고 있다.

너를 막을 수 없듯이

나를 막을 수 없는

귀뚜라미 소리에 장단 맞춰

긴 여정을 하루하루

기쁘게 채워 나간다.

서울의 달

서울 여의도 하늘에
두둥실 떠 있는 동그란 기구는
높이 130미터를 올라가
서울 여러 곳을 구경할 수 있는
감동을 준다.
높이높이 올라가지만
또 얼마 지나지 않아 내려와야 하는
아쉬움이 있다.
높이 올라가면 그곳까지
볼 수 있을까?
높이 올라가면 네 마음도
볼 수 있을까?

9월

일요일 저녁

오랜만에 일요일 저녁에
스위트 홈을 뒤로하고
지방 출장길에 올랐다.
까만 밤 고속도로를 달려
내일을 위해 달리고 있다.
우리의 미래도 어쩌면
한참을 캄캄한 어둠 속을 달리고
가끔씩 희미한 불빛을 만나
이정표처럼 지나가고
결국 목적지에 도달할 것을 잘 안다.
지금은 몸도 마음도 힘들지만
환하게 빛날 것을 잘 안다.

선물

살다 보면 너무도 피곤해

아무 생각 없이 기절한 듯

잠에 취할 때가 있다.

올여름은 너무도 덥고

내 몸을 지치게 하여

황폐하게 만들고

낮 동안 열심히 한 결과로

왕 피곤이라는 결과를 얻는다.

그래도 일이 잘 풀릴 때면

보상이라도 받는 듯 기분은 좋다.

지친 내 삶에 청량제 같은

매 순간을 보상받게 하는

너를 내게 선물해 주서서

하루하루 감사하며 보낸다.

시간의 바람

시원한 바람이 불기 시작했다.

낮엔 여전히 덥지만

아침저녁으로 드디어

시원한 바람이 분다.

바다 가까운 곳으로 와서 그런가

제법 시원하고 쾌적하다.

오지 않을 것 같은 시간도

이렇게 결국 온다.

두려웠던 걱정만 많았던

피하고 싶고 머리 아픈 모든 것들도

결국 시간의 바람 앞엔

먼지와 같이 날아가 버린다.

그래, 오늘도 시원한 바람을

만끽해 보자.

단위 환산

인터넷에 입력하면

거리, 부피, 무게, 환율 같은 걸

손쉽게 원하는 단위로 바꿀 수 있다.

물론 전혀 다른 단위로는

안 되지만 참 편리하다.

이미 잘 알고 있는 마음도

오해가 없도록

잘 알 수 있게 환산이 되면 좋겠다.

마음의 단위 환산은

무엇으로 할까?

지금 나의 마음을 변환하면

하트, 토크, 무한대 그리고 기대.

ⓒ 이종문

아부지

배우가 쓴 소설을 읽다가

문득 아부지가 생각났다.

책의 글귀처럼 아부지가 점점

기억에서 멀어지는 게

어렴풋하고 희미하게 지워지는 게

누구든 눈에서 멀어지면

마음에서 멀어지는 게

자연스러운 거라고 위안 삼지만

무뚝뚝했던 아부지가

자식 일이라면 두 팔 걷어 나서 주시던

모습이 오늘 문득 눈가를 스친다.

웃는 모습을 잘 볼 수 없어서

미소 짓는 얼굴이 생각나진 않지만

우리를 위하는 그 마음은 잘 안다.

오늘 밤 문득 그림자가 생각난다.

모교

우연히 찾아본 모교.

30년 만인가?

캄캄하고 희미한 기억을

더듬어 교내를 한 바퀴 돌아

내가 그리도 많이 밟았던

건물들을 보자니 가슴이 뭉클하고

기분이 묘했다.

그동안의 세월도 한순간이었고

교내도 한 번에 지나갔다.

내가 그리도 그리던

이곳을 둘러보다니

믿을 수 없이 두근거리는 밤이다.

많은 우여곡절을 지나고

출발선에 아름답고 푸른 마음으로

다시 서 보자.

노력

여기는 아침부터 덥다고 난리인데
어디는 아침부터 무지하게 비가 온다.
일찍부터 바쁘게 움직이며
일상 속으로 들어가 땀을 흘리고
기억을 묶어 두려 부단히 애를 쓴다.
오늘의 작은 노력이
결국 큰 결과로 이어지리라 믿으며
피곤한 몸을 움직여 본다.
네가 잘 잤는지 궁금하지만
오늘 아침도 무던하게 보내 본다.

그런 날

그런 날이 있다.

시리도록 하늘은 파랗고

풀들은 깊은 초록으로

나무는 푸르다 못해 선명하고

쨍쨍 내리쬐는 태양으로

모든 것이 또렷한

오늘은 눈에 담기에는

너무도 너무도 선명한

그런 날이다.

너도 선명하게 기억되었으면

좋겠다.

ⓒ 이종문

빨래

뽀송뽀송하게 잘 마른
빨래들을 너와 함께 정리하자면
햇살에 대한 고마움과
자연에 대한 감사함
그리고 떼어 낼 수 없는
기술들에 감사함을 갖는다.
언제까지나 건강하게
기쁨으로 너와 함께할 수 있고
정리할 수 있는 마음과
행복함이 함께하면 좋겠다.

터널

도로를 달리다 종종 만나는

터널은 때로는 길고 때로는 짧다.

언제나 터널의 탈출은 기쁘고 환하다.

하지만 오늘은 터널이 반갑다.

장대 같은 비가 하늘을 뚫고 쏟아져

피난처 역할을 톡톡히 하니까.

인생도 암흑 같은 터널이

어둡고 달갑지 않을 때도 있지만

잠시 피난처로 이용할 수 있을

마음이 중요한 거다.

이 어둠의 끝은 언제나 맑음일 거다.

번아웃

살면서 이토록 바쁜 적이 있었나.

이른 새벽부터 밤까지

뒤돌아볼 새 없이

정신없이 달려도

지워 낼 수 없을 만큼 바쁘다.

이러다 번아웃이 될까 봐

걱정이고 무섭다.

너에 대한 열정과 사랑도

부족한데 두 가지를

퍼펙트하게 할 수는 없을까.

잠시 누워 까만 하늘을 만끽하고픈 밤이다.

제발 번아웃이 되지 않게.

줄다리기

삶을 살다 보면 잘될 때도
또 못될 때도 그리고 지루하게
연기될 때도 있다.
뜻하지 않게 멀어지기도 하고
갑자기 가까워지는
인생은 줄다리기 같다.
내 것인 것 같기도 하고
아닌 것도 같은
인생은 줄다리기.

고성

강원도 머얼리 고성이라는
동네가 있다.
고즈넉하고 아기자기한 동네는
이제는 너무 알려져 북적대지만
다른 동해안보다는
조용하고 경치도 빠지지 않는다.
변치 않았으면 하는데
물가도 오르고 인심이 변하는 건
좀 씁쓸한 일이다.
함께 조용히 와서
편하게 쉬다 가는 고즈넉한
동네가 됐으면 좋겠다.

제철

해마다 돌아오는 계절이면

제철 음식들이 안성맞춤이다.

제철 과일들과 해산물들

너무도 싱싱하고 맛이 좋다.

우리는 어떨까?

싱싱한 제철일까?

아니면 철 지난 산해진미일까?

육체적인 관점에서는

곡선이 꺾였다고 하지만

마음은 제철이다.

언제나 싱싱하고 싶다.

10월

드라이브 2

부드럽고 고요한 음악과 함께

물 흐르듯 달리는 이 도로가

오늘따라 얼음 위를

미끄러지듯이 잘 흘러간다.

음악 소리는 더 커지고

분위기에 더 빠져드는

이 순간을 계속해서

함께할 수 있다면 얼마나 좋을까.

시간은 야속하게도

흐름을 끊어야 할 때가 다가오고

기나긴 시간에 비하면

이 짧은 찰나는 별거 아니지만

매 순간이 소중함에 다시 한 번 감사하다.

토닥토닥

지친 어깨를 말없이 다가와

토닥토닥 두드려 주고

왜 그러냐고 굳이 묻지 않고

그냥 힘을 줄 수 있는

같이 있는 것만으로도

힘이 나는

나는 그런 사람이 되고 싶다.

때로는 아무것도

입에 담지 않고 싶을 때가

있는 것처럼

가벼운 미소로 위로해 줄 수 있는

내가 되고 싶다.

콘서트

다양한 가수와 연예인이

나와서 성량을 뽐내는

콘서트는 내가 아는

노래가 나올 때

더 신나는 것 같다.

가끔 이렇게

여유를 갖고 싶은데

왜 이리 바쁘게 사는지

가끔씩 신나게

즐기고 싶다.

풍경

맑고 깨끗한 녹음과

깊고 푸르른 숲에서

더 짙은 초록과

가을을 맞이하는 풍경은

언제나 그 자리에서

여러 가지 모습을 보여 준다.

한여름 지나갈 때도

어스름한 가을 문턱에도

여전히 나를 지켜 주고 반긴다.

나도 언제나 너를 반기고

사랑하고 싶다.

따뜻한 크림치즈처럼.

ⓒ 이종문

아침 안개

오랜만에 아침을 포근하게 덮어
뽀얀 국물같이 아침 땅에
뿌리내렸다.
지나가는 자동차의 불빛이
거친 파도의 등대 불빛처럼
연이어 지나간다.
반짝이는 가로등은
희미한 터널을 만들고
포근하고 아늑한
상쾌한 아침을
오늘도 시작해 보자.

별별별

세상에는 너무도 많은

음식과 맛집이 있다.

평생을 하루도 빠짐없이 먹어도

또 끝없이 생겨나고

새로운 맛들이 즐비하다.

내가 너를 본 수많은

날들보다 더 많은 음식들.

또 술은 어떠한가

건강히 오래오래

우리 맛있는 거 먹고

즐겁게 지냈으면 좋겠다.

휴일

올해는 유난히도 연달아

휴일이 많았다.

바쁘다는 핑계로

일한다고 너랑 함께

놀지도 못하고 허망한

시간들을 보내고 있다.

따뜻한 밥 한 끼 제대로

먹지도 못하고 세상 제일

중요한 사람을 뒤로한 채

일에만 너무 몰두한 것 같아

연휴가 끝나는 이 시점에

또 한 번 후회로

시간을 보내고 있다.

고맙고 미안한 휴일 저녁이다.

오랜만에

오랜만에 온 가족이 모였다.

뭐 그리도 바쁜지

짬이 안 나더니

오늘은 갑자기 모든 것이

순조롭게 착착 맞아떨어지더니

이렇게 한자리에 모일 수 있음에

감사하고 기쁘다.

항상 간절히 원할 때는

안 되더니 오늘처럼

그렇게 잘 만나고 싶다.

가을 동화

그렇게 푸르더니

그렇게 파랗더니

어느새 알록달록

어느새 선선하다.

여름 절정은 서서히 지나가고

가을 동화 같은

무지개 계절이 온다.

땀도 줄어들고

지내기 좋은 가을이 온다.

ⓒ 이종문

평안

마음이 편해야 시도 문장도
사랑하는 마음도 가능하다는 걸
모든 것이 마음에서 우러나는 걸
억지로 머리로 짜내도 안 된다는 걸
이제야 알게 되었다.
사랑하고 아끼는 마음 모두가
평안한 마음에서 온다는 것을
요즘에야 깨닫는다.

병원

젊은 시절 거들떠보지 않던 이곳

나이 드니 점점 가까운 곳에

어떤 어떤 병원이 있나

어디가 잘하더라 하는 말에

귀를 기울이게 된다.

좀 더 몸을 아낄걸

좀 더 조심하고 아낄걸 하는

여기에 와서야 하게 되는

후회와 미련이 남는

이곳.

ⓒ 이종문

빛

바로 앞을 전혀 볼 수 없는

아주 캄캄한 어둠을 경험한 적이 있나.

실보다 더 가늘고 바늘보다 더 뾰족한

캄캄한 어둠을 만나 본 적이 있나.

내 숨조차 볼 수 없는

어두운 곳에서 한 줄기 불빛이

이리 반가울 수 있을까.

내 삶의 무소불위 검은색에

눈부신 빛줄기처럼 너는

내게 내려오셨다.

말로 표현하지 못할 그 불빛.

어떤 날

유독 일어나기 싫은 날이다.

비도 오고 우중충해서

평소와 다르게 귀찮고

게으른 아침이다.

늘 같은 시간에 일어나고

같은 자리에서 눈을 뜨다

오늘은 몸이

아래로 아래로

내려간다.

내려간다.

필연

몸은 하나인데

여러 곳에 일로 매여 있다 보니

지나간 친구들이 그립고 아쉽다.

또한 지금 나와 함께하는

친구들이 더 고맙고 감사하다.

남들이 말하는 번아웃이

되지 않도록 기도하고

노력한다.

즐기자! 필연은 언제나

다시 보게 되는 법.

홍등

붉은 등 아래서는

모두가 아름답고 멋져 보인다.

웃는 얼굴도 이쁘고

잘생기건 못생기건

상관없이 즐겁고 멋지다.

오랜만에 만난 친구들과

선배님들.

이 어려운 역경의 시간을

보내고 다시 모여

이야기꽃을 피우는

붉은 등 아래는

모두가 즐겁고 행복하다.

ⓒ 이종문

단풍 1

스치듯 지나가던 저 산에도

달리는 차창 밖으로 보이는 산에도

오색의 멋들어진 단풍이

내려오는 계절이 오고 있다.

생각해 보면 너무도 신기하고

아름다운 시간이고 순간이다.

막으려야 막을 수 없는

시간의 수채화.

우리도 하루하루를

단풍처럼 멋지게

그려 보자.

11월

붕어빵

붕어빵이 맛있는 계절이 온다.

방금 나온 따끈한 붕어빵을

한입 크게 물어

뜨거운 팥이 혀를 자극할 때면

고단한 하루 일상을

언제 그랬냐는 듯 잊어버린다.

입안 가득 채워진

그 맛있고 따뜻한 향과 맛처럼

너도 내 마음에

따뜻하고 보드랍게

가득 찼으면 좋겠다.

가시

엄지손 아래에

눈에 보이지도 않는

아주 작은 가시.

햇볕에 비춰 봐야

겨우 보이는 이 가시도

이렇게 거슬리고

신경 쓰이는데

가슴속 깊은 곳에 박힌 가시는

얼마나 따갑고 아플까?

너의 가슴속에

가시가 아닌 꽃으로 박히고 싶다.

모든 숨에 향기가 나도록

향기로운 꽃이고 싶다.

낙엽

사박사박 쓰륵쓰륵

이른 아침 출근길에

밟아 보는 깊은 가을

파란 하늘 하얀 거리

이슬 내린 낮은 공기

모든 계절 나는 좋아

네가 있어 든든한걸

이른 아침 밟아 보는

오색 빛깔 낙엽 친구

너에게도 느껴지는

오색 빛깔 신비로움.

잘 자요

오늘도 고생했어요.

잘 자요~

포근한 저음으로

저녁 인사를 건네는

디제이처럼

나도 너에게

편안한 목소리로

말하고 싶다.

잘 자요.

단풍 2

오색 빛깔 화려한 단풍은

경이로운 땅과 하늘의 작품.

오색 빛깔 무지개는

하늘만의 멋스럽고 아름다운 작품.

그래도 난 단풍이 더 좋다.

위대한 하늘과 땅의

멋진 기술의 결과.

누구는 단풍이 멋지다 하고

누구는 왠지 쓸쓸하다 하지만

지난여름 이글거리던

정열을 뒤로하고

멋진 융단을 산에 양보한

단풍이 더 멋지다.

너도 단풍처럼 멋지고 아름답다.

두 문

문 두 개만 지나면 너를 볼 수 있는데
가깝다는 이유로 자주 가지 못하고
어쩌다 혼자인 게 편하게
되어 버렸다.
오랜 시간을 함께하고 부비던 우리가
갱년기가 찾아와
서로 시간이 다르고
관점이 달라져 각자인 게
편하게 되어 버렸다.
그래도 마음은 언제나 함께이고
항상 그리워한다.
두 문을 지나면 언제나 네가 있다.

ⓒ 이종문

비 2

높디높은 하늘에서
내리는 비는
방울방울 예쁜 이슬비에서
한 치 앞도 보이지 않는
무서운 회색빛 폭우도 있다.
어느 때는 상당히
유익한 도움을 주다가도
또 다른 때는 필요 이상의
많은 양을 쏟아붓기도 한다.
모두 내 마음대로 되지 않고
거를 수 없는 순리이기도 하다.
너를 추앙하고 생각하는 것도
내 마음대로 되지 않는
강력한 무언가의 순리이다.
오늘도 비가 내린다.
오늘도 네 마음이 내게 온다.

딥블루

나는 딥블루가 좋다.

하얀색이나 초록 초록도 좋고

흰색이나 검정도 나름 좋지만

눈이 시리도록

깊은 파랑의 하늘이랑

옥색 빛깔 파란 바다처럼

어디에도 없는 딥블루가 좋다.

너랑 구름 한 점 없는 딥블루도 보고

바닥이 훤히 보이는

유리 같은 바다도 보고 싶다.

뭐든 함께하고 싶다.

이로운

구름 사이로 빛이 내려

마치 어느 종교의 높으신 분이

내려오는 것처럼

신비하고 멋진 순간이

종종 연출된다.

어제는 그리도 맑고 푸르더니

오늘은 옅은 구름이 잔뜩이다.

그 사이로 빛 길이 열려

어둠을 밝히고 세상을 이롭게 한다.

나도 너에게 이로운

사람이 되려고 노력한다.

몸살

몸살이 자주 걸린다.
옛날 생각에
무쇠 로봇으로 착각해
쉬지 않고 달리니
자주 몸살이 난다.
마음이 아프고 고단해
더 그런가 보다.
말뿐인 얼른 나으라는
응원도 다 부질없으나
열심히 바라고 나으라고
기도해 본다.

아침

바쁘다는 핑계로

가까이 있는 모든 것에

소홀해지고 하나둘

놓치는 일이 반복되고

정작 어려울 때 곁에 있던

모든 것들에 감사하지 못하고

현실 앞에, 지금 내 앞의 일에

무릎을 꿇게 된다.

당연히 이해해 줄 거라는

나의 믿음이 과연 전달될까?

내가 편하면 상대방이

불편할 수 있음에

다시 한 번 뒤돌아보게 되는

아침이다.

공항

이른 아침부터 아니 새벽부터
모두들 어디로 가는지
많은 사람들이 분주히
이동하고 움직이는 이곳.
바쁘게 정신없이 살다
잠시 여유를 위해
일정을 소화하러 간다.
너와 함께면 더 좋을 이곳
만날 같이 간다고 하고는
못하고 아쉽기만 하다.
또 언젠가는, 이라고
약속해 본다.

ⓒ 이종문

늦잠

만사가 귀찮고

일어나기 싫고

기다리는 일들은 많은데

좀 기다리라 말하고

오늘 하루쯤은

아무것도 하지 않아도 되는

그런 날이 있었으면 좋겠다.

이런 날이 내게도

올 수 있으면 좋겠다.

너랑 하루 종일

쫑알쫑알 나부대면 좋겠다.

첫눈

첫눈이 왔다.

어제부터 내내 흐리더니

아침에 갑자기

첫눈이 왔다.

운전할 땐 힘들지만

그래도 눈에는

아름다운 감성이 있다.

네 눈에도 내 눈에도

온통 아름다운 세상이고

시절이면 좋겠다.

폭설

흰 눈이 하늘에서

그야말로 펑펑 쏟아지고 있다.

한여름철 소나기처럼

새하얀 흰 눈이

가늠할 수 없을 정도로 내린다.

그 아름답던 흰 눈도

지금은 내 눈앞을 가리는

장막 같아 한 치 앞을 볼 수 없다.

우리 앞을 가로막는

어떠한 장막도

흰 눈이 그치는 다른 곳에서

아니면 시간이 지나면

또 언제 그랬냐는 듯이

해가 뜰 거다.

지금처럼

네 모습처럼

더 눈부신 아침 해가 뜰 거다.

신비

그렇게 못 가게 내리더니

그렇게 앞을 막더니

언제 그랬냐는 듯

스르르 흘러내린다.

한 치 앞을 보지 못하게

막을 수도 있고

또 그 빛 앞에

녹아내리는 물로 변해 버린

눈과 물은

또 자연은 오늘도 신비하다.

신비한 것이 이뿐이랴.

네 눈도 신비하고

내 곁으로 와 준 네가

더 신비하다.

12월

안과 밖

평화롭고 상쾌하게

새가 지저귀고

어딘가 모르게

둥글둥글한 아침

창문 안은 게으르고

창문 밖은 고요히 분주하다.

이제 곧 나도

분주해지겠지.

여느 때와 다름없는

안과 밖.

너의 안과 밖도

비슷할까?

멈춤

모든 것이 잠시 멈춤이 되었다.

잠시 일상을 떠나

휴가를 보냈으면 하지만

일상을 떠나

하나의 일을 마무리하려

출장을 오게 되었다.

큰 프로젝트라

마무리해야 하지만

다른 일들을 처리 못하고

이것만 해야 하는 상황이다.

빨리 마무리하고

일상으로 돌아갔으면 좋겠다.

네 곁으로 갔으면 좋겠다.

그리움

나는 이과다.

모든 것을 치수로 확인하고

싶을 때가 있다.

너에 대한 나의 그리움도

너를 보고 싶어 하는 간절함도

몇 킬로미터인지

몇 킬로그램인지 보여 주고 싶다.

가늠해 보건대

너에 대한 그리움은

수천 광년

너를 좋아하는 마음은

수억 톤일 거다.

태양보다 멀고 무거울 만큼

네가 보고 싶고 그립다.

물음표

너도 나만큼 그리워하는지.
바쁜 일상 속에 잠시 짬이 났을 때
제일 먼저 내가 생각나는지.
그 순서가 제일 끝이라도
작은 내가 생각나는지.
파란 하늘 흰 구름
시원한 바람과 흩뿌리는 비를 봐도
내가 생각나는지.
보고 싶을 때 보지 못해도
그게 나일 거라는
믿음을 갖고 있는지.
오늘은 그냥 별거 아닌
물음표로 너를 간지럽히고 싶다.

ⓒ 이종문

단순

나는 참 단순하다.
너의 표정에, 목소리에
울고 웃는다.
기쁘면 같이 기쁘고
심각할 땐 또 같이 그런다.
너의 목소리에
귀를 기울이고
너의 숨결을 느낀다.
나는 네가 항상 기쁘고
행복했으면 좋겠다.
그래야 나도 기쁘고
행복할 테니까.

날씨

과학적인 것 말고

날씨는 어떻게 이렇게

매일매일 다를까?

누구는 하늘의 기분 따라

누구는 대지의 마음 따라

각자가 편한 마음으로

생각하고 반복되는 날들에

수긍하고 버틴다.

너를 보지 못하는

매일매일도

새롭게 마음을 다지고

기다리고 버틴다.

만나게 되는

기쁨과 즐거움이 훨씬 더

크니까.

ⓒ 이종문

꼴등

살면서 꼴등이란 걸 처음 해 봤다.

물론 골프지만

즐겁게 즐기자는 마음은

꼴찌를 하는 시점부터

재미있지가 않았다.

이것도 승부의 세계인가.

좋은 사람들과 만나서

즐거운 시간을 보내자고

하는 건데 아직 마음이 여린가?

마음이 편하면 모든 게

잘 풀릴 텐데

기분이 별로다 하하.

한국

나는 말라 버린 땅이라도

한국이 좋다.

꽁꽁 얼어 버린 대지라도

한국이 좋다.

사계절이 있고

파랗기도 하고 오색 빛깔에

온 세상이 하얗기도 한

한국이 좋다.

무엇보다

마음과 눈이 예쁜

네가 있어 더 좋다.

척척박사

난 집 안에 필요한 것들을
서툴지만 잘 고친다.
낡은 형광등도 LED로 교체하고
문짝과 수도꼭지를
새로 교체하는 일도
한 방에는 아닐지라도
불편하지 않게
노력하고 또 해낸다.
너의 마음은 잘 못 고쳐도
너의 마음을 위해
노력하고 고민한다.
다른 일들처럼 마음도
척척 알아서 고치고
치유할 수 있는 좋은 능력도
가졌으면 좋겠다.

건강

세상의 모든 사람이

아프지 않았으면 좋겠다.

비록 병원은 힘들어지더라도

몸과 마음이 아프지

않았으면 좋겠다.

아프지 않아 가슴에

웃음꽃이 활짝 폈으면

좋겠다.

아이들의 아픔을

대신하신 착한 어른.

나도 지금 윗입술이

온통 퉁퉁 부었다.

우리는 비슷한

시기에 아프고 피곤한가 보다.

향기

비누만 써도 풋풋한 향기가 나던
나의 몸은 세월과 책임감의
무게로 점점 향기와 윤기를
잃어 자연 그대로는
예전의 향기를 간직하기
어려워진 것 같아 조금은 아쉽다.
무르익어 풍미와 진함이
묻어나긴 하지만
때때로 퀴퀴한 노땅이
되어 가는 것 같아
헛웃음이 나기도 하고
세상에서 제일 강력한 것은
시간이고 세월임을 새삼 느낀다.
그래도 네게는
젊은 시절 풋풋한 향기와 미소를
오래오래 전하고 싶다.

로맨틱

분위기가 좋은 장소.

귀에 포근하게 내려앉는 음악.

부드럽게 내리는 함박눈.

눈꽃이 피어난 나무들.

이 모든 것을

로맨틱이라고 하나?

시끄러운 장소라도

너만 보이고

정신없는 음악 속에서도

네 목소리를 찾을 수 있고

추위도 눈도 비도

아름답게 보이는

이런 마음이 로맨틱 아닐까?

ⓒ 이종문

하얼빈

긴장감과 두근거림으로

숨죽이며 지켜본

꼬레아우라 꼬레아우라.

어느덧 안중근 의사가

내 아들 나이와 같아져

너무도 젊은 나이에

거사를 준비하고

성공해 단두대에 서기까지

얼마나 힘들었는지

조금이나마 이해할 수 있는

너와 본 영화 덕분에

다시 애국심이 생긴다.

발자국

또각또각 뚜벅뚜벅

정신없이 한 해를 보냈고

끝을 위해 걷고 있다.

어느덧 한 해의 끝자락.

뒤를 돌아 내 발자국을

볼 새도 없이 앞을 보고 달렸다.

언제나처럼 후회 없는 삶을 위해.

지나간 내 발자국이

서툴고 삐뚤빼뚤이라도

모든 게 처음이라 미숙할지라도

열심히 달렸고 땀을 쏟았다.

너도 내 눈에는

열심히 살고 있는 어린 한 사람.

오늘같이 추운 날엔

더 함께 발맞춰 앞으로 가는

발자국을 남기고 싶다.

ⓒ 이종문

다섯 손가락

열심히 달려온 올해도

이제 다섯 손가락으로 셀 수

있을 만큼 얼마 남지 않았어.

어찌어찌 바쁘기도 하고

우여곡절도 많았지만

함께할 수 있는 큰 기쁨에

힘든지도 모르게

어느덧 다섯 손가락이다.

기쁨은 함께 나누고

슬픔은 내가 가져가

너는 행복만 가득했으면 좋겠다.

가족

어쩌면 공기처럼

너무도 가까이 있어

소중함을 모르고

그냥 지내고 무심할 수도 있지만

내가 힘들고 지칠 때

가장 가까이에서

위로하고 보듬어 주는 사람은

가족이다.

그래서 소중한 사람을 잃었을 때

상심이 제일 큰가 보다.

오늘 친구 형이 세상을 떠났다.

가장 마음이 아플 친구에게

위로를 보낸다.

눈물

살다 보면 다양한 눈물을 경험한다.

기쁠 때나 감동적일 때

억울하거나 분노에 찰 때

도저히 말이 안 나오고 힘들 때

눈은 참 맑기도 하지만

여러 감정의 모니터 같기도 하다.

표정과 함께

때로는 그 이상의 표현을

보여 주는 눈은 소중함의 결정체이다.

눈물을 다른 사람에게

보여 주기 너무도 싫지만

그래도 슬픈 눈물보다는

울컥울컥하는 감동의 순간들.

생각지도 못한 놀라움에

기쁜 순간들.

너무 행복해 코끝이 찡한

우리에겐 항상 그런 날만

있으면 좋겠다.

12월 31일

기뻤던 일들도

슬펐던 일들도

고단하고 힘들었던 모든 날들

기대되고 행복했던 올 한 해.

가슴속에 모두

좋았던 기억으로만 남아

하루가 채 남지 않은

이제 몇 시간 뒤

새로운 시작을 열기 위해

모두가 분주한 오늘.

내일은 네가

세상에서 가장 행복한

날들의 시작이면 좋겠다.